Este libro está dedicado a mis hijos - Mikey, Kobe y Jojo.

Copyright © 2022 Grow Grit Press LLC. Todos los derechos reservados. Ninguna parte de este libro puede ser reproducida en ninguna forma sin el permiso por escrito de la editorial. Por favor, envíe solicitudes de pedido al por mayor a growgritpress@gmail.com Impreso y encuadernado en los Estados Unidos. NinjaLifeHacks.tv Tapa blanda ISBN: 978-1-63731-476-0 Tapa dura ISBN: 978-1-63731-477-7

La Ninja Triste

Por Mary Nhin

Una noche, me quedé despierta en mi cama. No podía dormir.

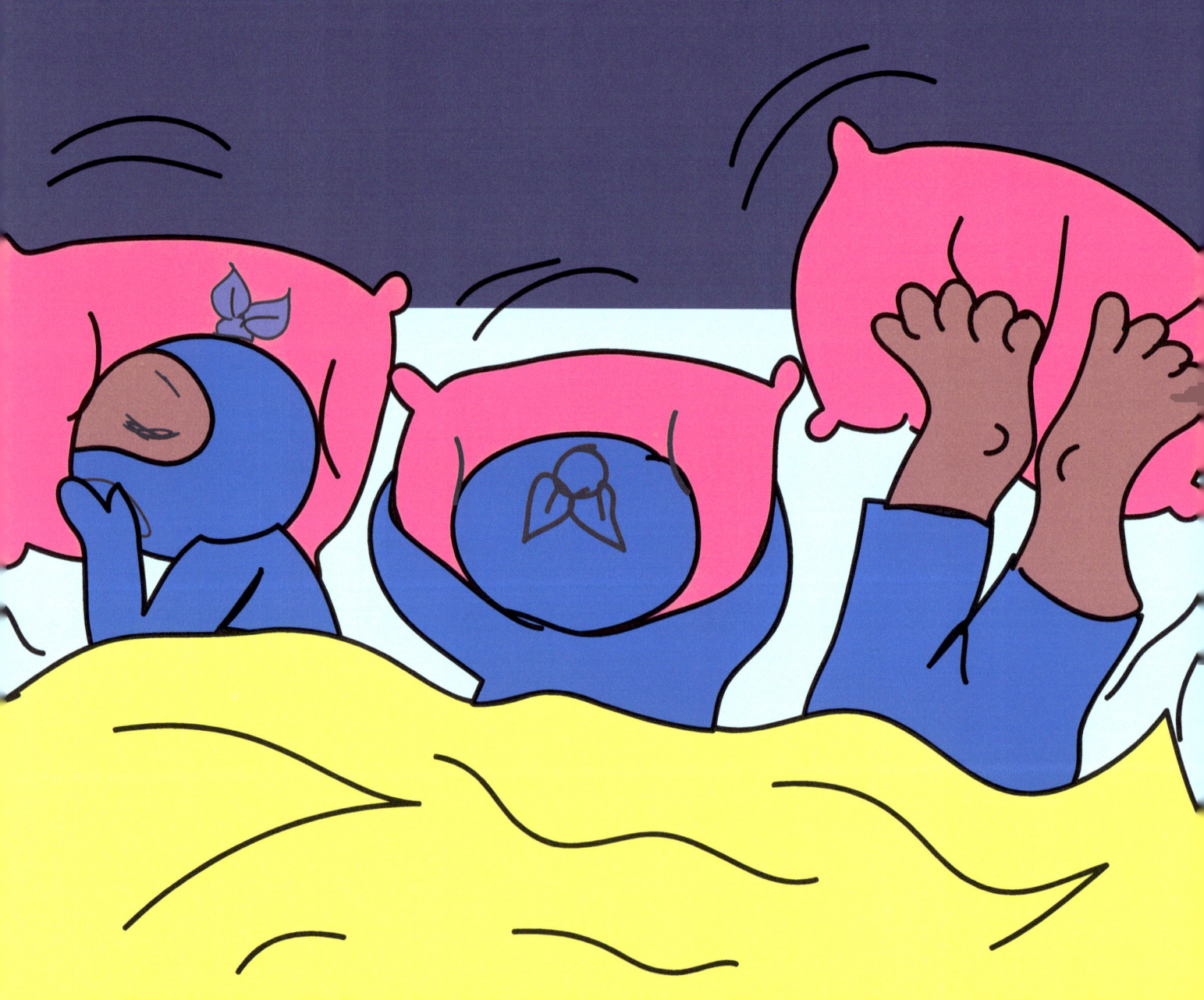

Últimamente, me había estado preocupando mucho. Me enteré de que mi abuela acababa de morir. Me llevaba muy bien con ella.

Fue un año duro y me afectó de muchas maneras...

A veces me dolía la cabeza y se me endurecía el estómago.

A menudo me enojaba.

Otras veces, lloraba y no quería hacer nada.

Ni siquiera mis cosas favoritas...

Puedes utilizar cualquiera de estas herramientas:

Di adiós

Acepta tus sentimientos y háblalo

Haz algo creativo y activo

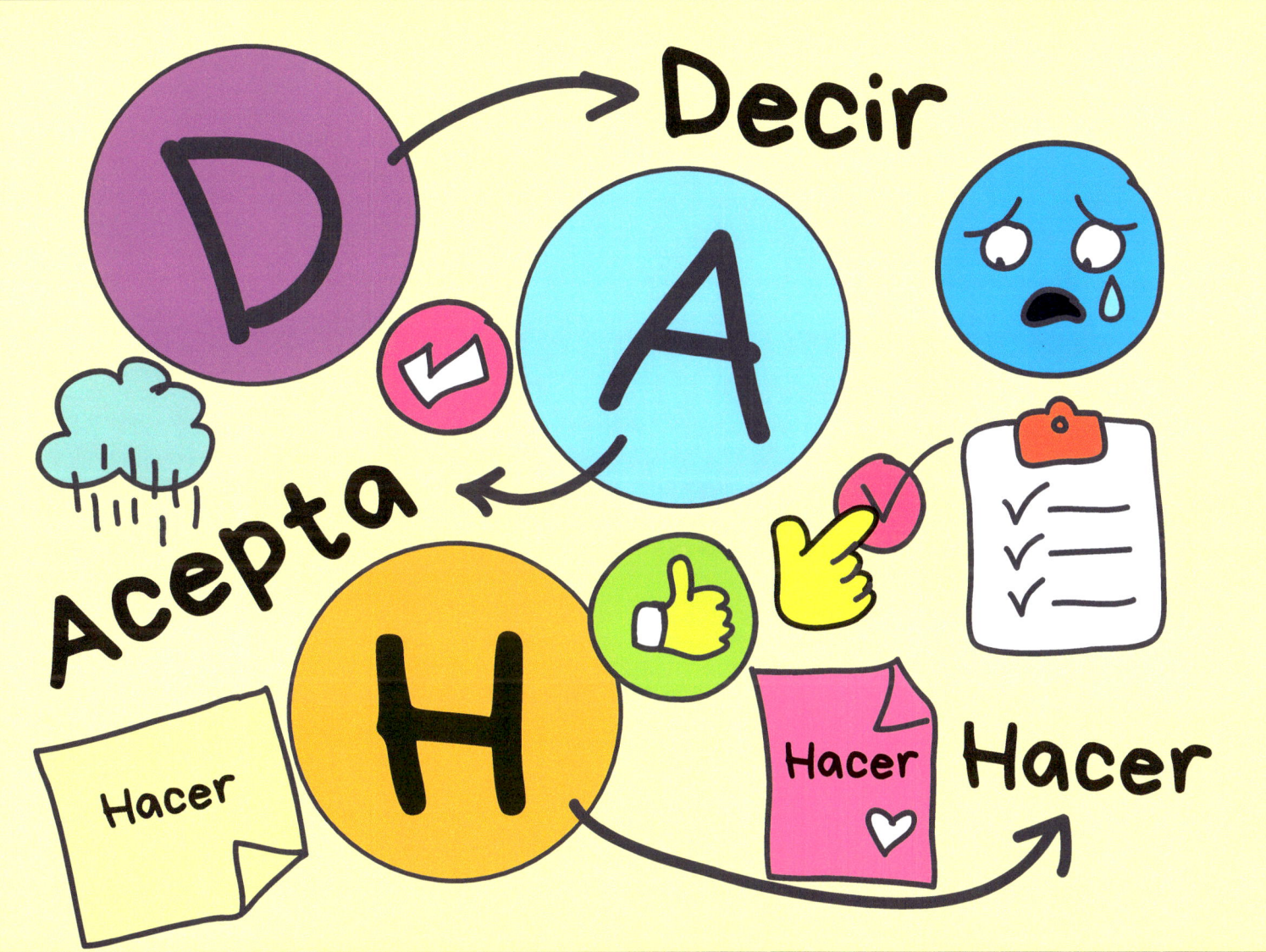

Di adiós haciendo un diario de recuerdos o crear o asistir a un funeral.

Acepta tus sentimientos y háblalo con un padre, un maestro o un consejero.

Fui a casa en la noche y le conté a mi papá sobre lo que había aprendido de cómo aceptar mis sentimientos tristes.

Di adios.

Decidí empezar con un diario de recuerdos. Lo llené con recuerdos de mi abuela y los momentos divertidos que compartimos. Me hizo sonreír pensar en todos esos momentos divertidos.

Acepta tus sentimientos y habla sobre ellos con un padre, consejero o maestro.

No sabía cómo había pasado, pero después de hacer esas dos cosas, ya me sentía mejor. Así que procedí con lo último que el Ninja Solitario mencionó en la estrategia de D.A.H.

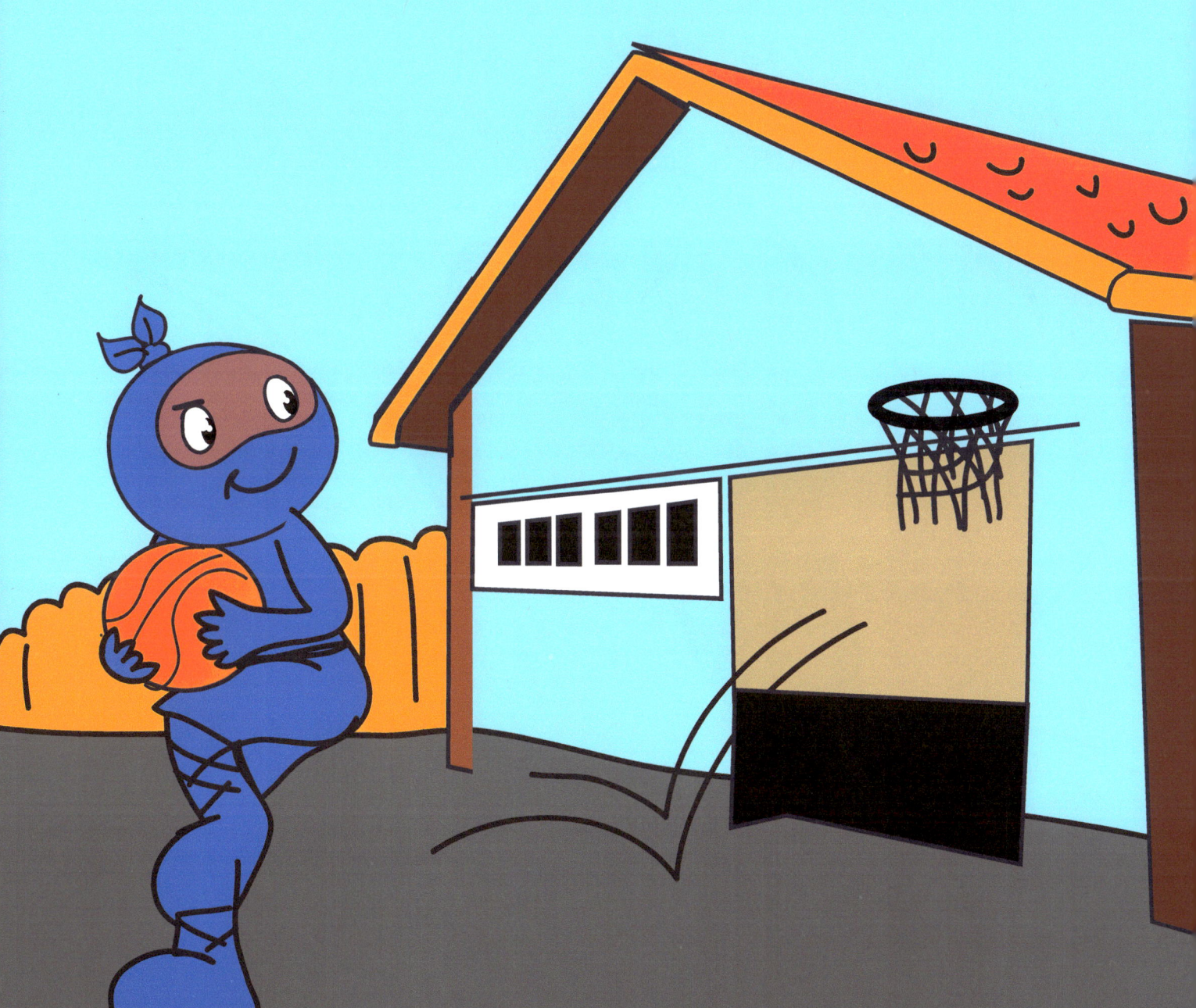

Haz algo creativo y activo.

Practiqué mis piezas musicales y jugué baloncesto.

Esa noche, mi espíritu se elevó mucho y dormí en paz.

El recordar usar la estrategia D.A.H. podría ser tu arma secreta para lidiar con sentimientos de dolor y pérdida.

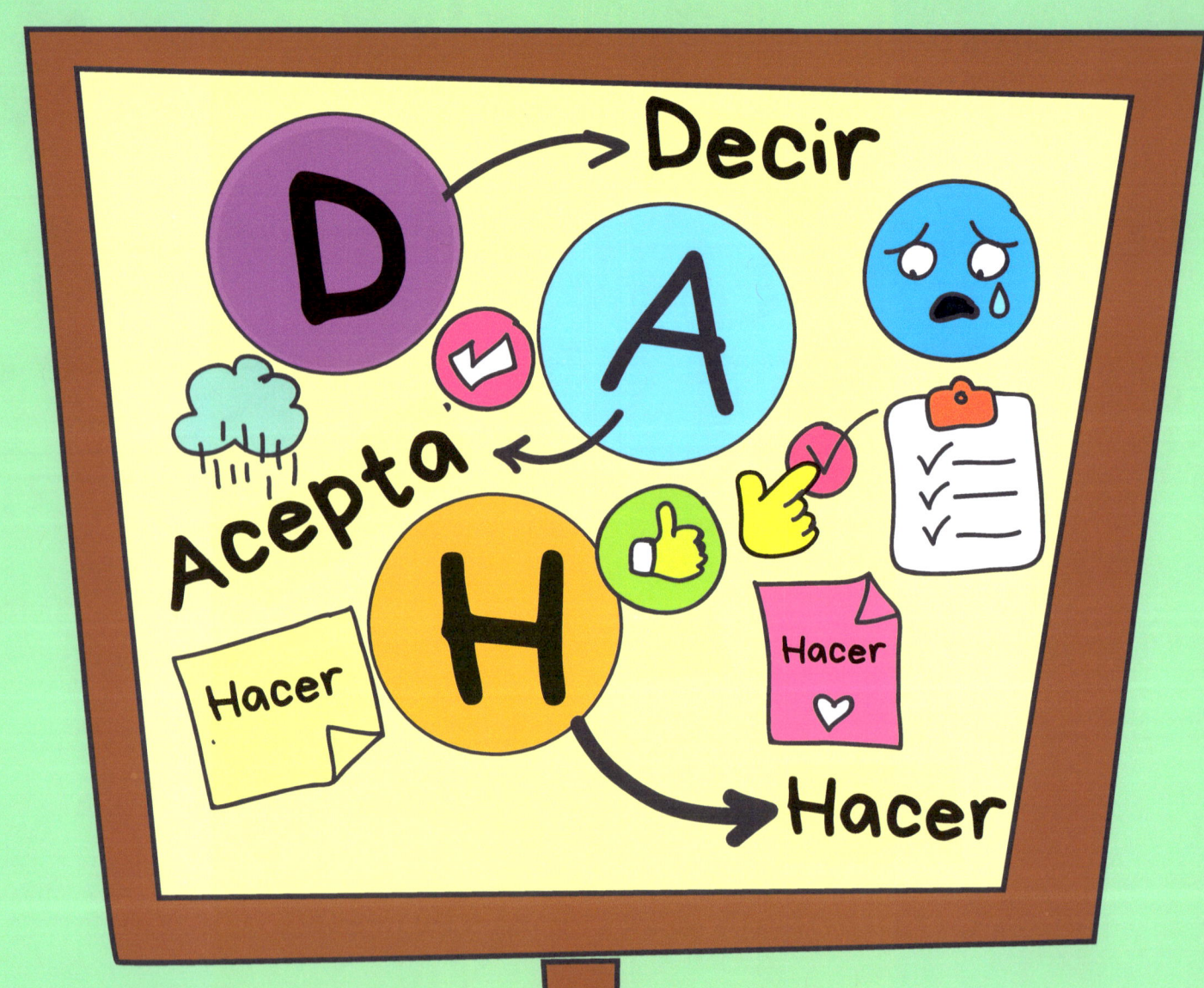

¡Visita ninjalifehacks.tv para obtener imprimibles divertidos gratis!

@marynhin   @officialninjalifehacks
#NinjaLifeHacks

Mary Nhin   Ninja Life Hacks

Ninja Life Hacks

@officialninjalifehacks

www.ingramcontent.com/pod-product-compliance
Lightning Source LLC
Chambersburg PA
CBHW041523070526
44585CB00002B/56